MIT KLEBE-ETIKETTEN

UND NOCH MEHR KLEBEETIKETTEN GIBT'S AM ENDE DES BUCHES!

HOMEMADE
KETCH
UP

RELAX!

SÜßE
Weihnachts-
Grüße
BRATAPFELKONFEKT

»BITTE ab
UND ZU GIESSEN
... DANKE!«

1.
ADVENT

3.
ADVENT

homemade
IRISH
CREAM

2.
ADVENT

4.
ADVENT

A. Diepolder · S. Gut · K. Hanack · S. Mayer-Kuderer · S. Schappacher

Geschenke im Glas

selbstgemacht

CV

Inhalt

Nie war Verschenken schöner!

Schenken macht Freude. Und diese ist umso größer, wenn das Präsent selbst gemacht ist. Von einem Hasen-Wärmekissen fürs Baby und einem lustigen Spiel für unterwegs über köstliche Macarons und eine heiße Schokolade bis hin zu zarten Duftkerzen oder einem ganz besonderen Adventskranz – alle Geschenke in diesem Buch sind selbst gebastelt, genäht, dekoriert oder gebacken. Das Besondere daran: Jedes Mitbringsel ist ganz raffiniert im Glas verpackt!
Ob als Geburtstags- oder Weihnachtsgeschenk oder einfach als kleine Aufmerksamkeit für zwischendurch: Auf den folgenden Seiten finden sich Ideen für jede Gelegenheit, und dank ausführlicher Anleitungen und vieler Tipps ist jedes Präsent im Handumdrehen fertiggestellt.

Viel Spaß beim Nähen, Basteln, Backen, Dekorieren und Verschenken!

Damit aus jedem Geschenk im Glas auch ein ganz individuelles Mitbringsel wird, haben wir liebevoll gestaltete Etiketten zusammengestellt. Die Klebeetiketten zum Abziehen finden Sie auf der ersten und der letzten Seite im Buch. Etiketten zum Kopieren gibt es ab Seite 58. Zusätzliche Etiketten zum praktischen Download finden sich auf **www.christophorus-verlag.de**. Alle Vorlagen stehen ebenfalls an dieser Stelle zum Download bereit.

Bunte Macarons

Material

- Einmachglas
- Kleine Deko-Tiere
- Acrylsprühlack in Weiß, Rosa, Mintgrün, Dunkelgrün
- Wabenball in Mintgrün
- Geschenkpapier mit Rautenmuster
- Paketschnur
- Etikett: s. Kopiervorlage auf Seite 61

So geht's

Die Macarons nach Rezept zubereiten. Die Plätzchen in das Glas füllen und das Glas verschließen. Das Geschenkpapier auf den Deckel legen, leicht andrücken und mit der Paketschnur festbinden. Das Etikett anhängen und nach Wunsch mit dem Wabenball und den Deko-Tieren verzieren. Die Deko-Tiere zuerst mit Weiß grundieren, danach in der Wunschfarbe ansprühen und gut trocknen lassen.

Rezept Macarons

Zutaten

- 65 g Eiweiß (Zimmertemperatur)
- 120 g Puderzucker, gesiebt
- 20 g feiner Kristallzucker
- 100–120 g Mandelmehl
- Prise Backpulver
- Lebensmittelfarbenpulver
- 150 g Vollmilchschokolade
- 100 ml Sahne

Zubereitung

Eiweiß bei höchster Stufe etwa 1 Minute anschlagen, dann auf niedrigerer Stufe 15 Minuten weiterschlagen. Nach und nach Kristallzucker, dann Puderzucker einstreuen. Zum Ende hin die Lebensmittelfarbe hinzufügen.

Etwa 100 g Mandelmehl unterheben und so lange – am besten mit einem Küchenspatel – die Masse gegen die Schüsselwand streichen, bis sie eine lavaartige Konsistenz hat. Sollte die Masse zu flüssig sein, etwas mehr Mandelmehl untermengen. In einen Spritzbeutel füllen und auf einem mit Backpapier ausgelegten Backblech Tupfen mit etwa 4 cm Durchmesser verteilen. Zwischen den Plätzchen Platz lassen, denn die Macarons gehen beim Backen auf.

Die Plätzchen etwa 30 Minuten bei Zimmertemperatur antrocknen lassen. Den Ofen auf 140 °C vorheizen und die Macarons 10–12 Minuten backen. Darauf achten, dass sie nicht braun werden. Die Plätzchen auskühlen lassen und vorsichtig vom Backpapier abziehen.

Für die Füllung Schokolade klein hacken und die Sahne aufkochen. Die Sahne vom Herd nehmen und Schokolade hinzufügen. Rühren, bis Sahne und Schokolade eine homogene Masse ergeben. Die Masse zum Festwerden einige Stunden an einen kühlen Ort stellen und sie dann klecksweise auf den Macarons verteilen. Je ein weiteres Plätzchen als Deckel aufsetzen und leicht andrücken.

Süße
Überraschung

SCHMINKTÄSCHCHEN
NÄHSET

DIY-SCHMINK-TÄSCHCHEN

Material

- Glas mit teilbarem Deckel, ca. 750 ml
- Kleberoller
- Tintenstrahldrucker

Für den Inhalt

- bedruckbare Baumwollstoffe, 2x DIN A4
- gemusterter Baumwollstoff, 20 cm
- Volumenvlies H630 zum Aufbügeln, 15 cm
- Vlieseline H220 zum Aufbügeln, 15 cm
- Taschenbügel, 12,5 cm
- 2 kleine Garnrollen in Weiß, Pink
- kleine Schere
- Nahttrenner
- Nähnadel
- Webband »Sterne«, 60 cm
- 1 Strass-Niete
- Stecknadeln in Herzform
- Nähanleitung

- Etikett: s. Kopiervorlage auf Seite 61
- Vorlagen Täschchen: s. Website

So geht's

Für das DIY-Täschchen zum Selbernähen den Zuschnitt vorbereiten. Dafür die Vorlagen laut Herstelleranweisung auf den weißen Stoff drucken und fixieren. Auf die linken Seiten beider Vorlagen Vlieseline aufbügeln.

Die Vorlagen ausschneiden. Eine der Vorlagen als Schablone benutzen und diese je zwei Mal aus dem gemusterten Baumwollstoff und dem Volumenvlies zuschneiden. Die Teile aus Volumenvlies rundherum um 5 mm verkleinern. Das Volumenvlies mittig auf die linken Seiten der bedruckten Stoffteile aufbügeln. Die Nahtzugabe an den markierten Stellen (A und B) bis auf die Nahtlinie einschneiden. Diese Einschnitte ebenso auf den Futterteilen durchführen.

Die vorbereiteten Stoffzuschnitte, 15 cm des Webbands, Schere, Nahttrenner, Taschenbügel, Garnrollen, Stecknadeln, Strass-Niete und die Nähanleitung☆ im Glas arrangieren. Ein Stück gemusterten Stoff passend zum Deckel zuschneiden und zwischen die zwei Deckelteile legen. Das Glas zuschrauben und mit dem übrigen Webband und dem Etikett dekorieren.

☆ Die Nähanleitung zum Ausdrucken gibt es auf www.christophorus-verlag.de.

KLEINER GLAS-GARTEN

Material

- Glasgefäß in Trapezform, Größe oben: 8 cm, unten: 13 cm
- Vogelsand
- Kaktus mit Blüten
- Zier-Kies
- Gekko aus Papier, 10 x 4,5 cm
- kleine Zink-Gießkanne, 3 cm
- Paketschnur
- Klebepads in Weiß
- Bastelfarbe in Grün, Braun
- Klebeetikett: vorn im Buch
- Vorlage: s. Website

So geht's

Das Glas mit Vogelsand befüllen, den Kaktus mitsamt Topf in das Glas stellen und weiter mit Sand auffüllen, sodass der Topf vollständig verdeckt ist. Als letzte Schicht den Zier-Kies einfüllen.

Die Paketschnur um den oberen Glasrand herum festbinden, die kleine Gießkanne und das Etikett dabei mit anbringen. Den Papiergekko (s. Vorlage) in Grün bemalen und Akzente in Braun einarbeiten. Nachdem die Farbe getrocknet ist, den Gekko mit Klebepads am Glas befestigen.

»Bitte ab
und zu giessen
... Danke!«

FEINE MARMELADE

Material

- Stoff, kariert in Rot-Weiß
- Paketschnur
- kleiner Löffel
- Alleskleber
- Etikett: s. Kopiervorlage auf Seite 59

So geht's

Den Stoff passend zum Glasdeckel zuschneiden, dabei drum herum etwa 5 cm dazugeben. Den Stoff auf den Deckel legen, raffen und mit der Paketschnur festbinden. Den Löffel anbringen und das Etikett aufkleben.

REZEPT MARMELADE

Zutaten

- 300 g frische Feigen
- 700 g Zwetschgen
- 1 Pck. Gelierzucker 2:1
- 2 EL Zitronensaft
- ½ TL Zimt
- Marmeladengläser

Zubereitung

Feigen waschen und in kleine Stücke schneiden. Zwetschgen waschen, entsteinen und ebenfalls kleinschneiden. Das Obst zusammen mit dem Gelierzucker in einen Topf geben und gut vermengen. Die Mischung nach Packungsanweisung des Gelierzuckers kochen, dabei den Zitronensaft und den Zimt hinzufügen, sobald das Obst zu kochen beginnt.

In saubere Marmeladengläser füllen, mit dem Deckel verschließen und für etwa zehn Minuten auf den Kopf stellen. Danach die Gläser wieder umdrehen und auskühlen lassen.

PFLAUMEN-FEIGEN
MARMELADE

Es war einmal ...

Miniwald

Material

- 2 Glasglocken
- 2 Holzscheiben, passend zu den Glasglocken
- 2 Dekorehe oder -hirsche
- Dekopilze
- Islandmoos oder echtes Moos
- Heißkleber
- Paketschnur
- Etikett: s. Kopiervorlage auf Seite S. 60

So geht's

Das Moos mit etwas Heißkleber auf den Holzscheiben anbringen. Die Tiere und Pilze nach Wunsch positionieren und ebenfalls mit Heißkleber fixieren.

Die Glasglocke, hier eignen sich auch schöne Wein- oder Wassergläser, über Kopf auf die Holzscheiben stellen, dabei das Moos mit den Fingern in das Glasinnere schieben. Mit der Paketschnur oder einem Schleifenband das Etikett anbringen.

Picknick für 2

Material

- Glas mit Kunststoffdeckel, ca. 11 x 12 cm
- Deko-Tape in Weiß-Rosa mit Punkten
- Rasenteppich, 13 x 13 cm
- 7 Glitzerblumen, Ø 10 mm
- 2 Glitzerblumen, Ø 15 mm
- Holzklammer in Weiß, 15 mm
- 2 Papiertrinkhalme in Lila-Weiß
- Baumwollkordel in Lila-Weiß, 20 cm
- Satinband in Weiß und Lila, je 20 cm, 4 mm breit
- Klebepads in Weiß
- Heißkleber
- Etikett: s. Kopiervorlage auf Seite 60

Ideen für den Inhalt

- 2 Kuchenschnitten
- 2 Päckchen Espressopulver
- 2 Zuckersticks
- 2 kleine Kaffeelöffel

So geht's

Das Glas nach Wunsch befüllen. Den Deckelrand mit dem Deko-Tape verzieren.

Aus dem Rasenteppich einen Kreis mit 12 cm Durchmesser zuschneiden und diesen mit Klebepads auf dem Glasdeckel befestigen. Die Glitzerblumen mit Heißkleber aufkleben.

Jeweils rechts und links am Glas einen Trinkhalm mit Klebepad und Deko-Tape befestigen. Die Baumwollkordel an den oberen Enden der Strohhalme anknoten. An einer Seite die Satinbänder anbringen und mit je einer Glitzerblüte wie abgebildet verzieren. Etikett mit der Holzklammer mittig an der Kordel anheften.

Picknick für 2
Picknick-Kuchen
Zucker

mein
EINES
Näh-
Set

Nähset FÜR ANFÄNGER

Material

- Glas mit zweiteiligem Deckel, ca. 500 ml
- Stoffrest, ca. 10 x 10 cm
- etwas Füllwatte
- Klebeband
- Satinband, ca. 45 cm
- Streuelemente »Stern«
- Heißkleber
- Etikett: s. Kopiervorlage auf Seite 61

Ideen für den Inhalt

- Knöpfe
- Bänder
- Nähgarn
- Pailletten
- Nähnadel-Set
- Stecknadeln
- Sicherheitsnadeln
- Metermaß
- kleine Schere

So geht's

Das Glas mit den Wunschartikeln befüllen. Für das Nadelkissen den zweiteiligen Deckel auseinandernehmen. Etwas Füllwatte in der Größe des Deckels zurechtlegen. Den Stoff etwa zwei Zentimeter breiter als die Größe des Deckels zuschneiden. Die Füllwatte auf der Deckelscheibe platzieren, den Stoff darüberlegen, ringsherum leicht straffen und auf der Unterseite mit Klebeband festkleben. Den Schraubverschluss darüberlegen und festschrauben.

Das Nadelkissen mit einigen Stecknadeln und Sicherheitsnadeln dekorieren. Das Satinband um den Glasdeckel binden, dabei das Etikett mit anbringen und die Streuelemente mit Heißkleber ankleben.

KEKSBACK-MISCHUNG

Material

- Stangenglas, 500 ml
- Schnurrbart-Keksausstecher
- Bäckergarn in Rot-Weiß
- 2 Frühstücksbeutel
- Zubereitungsanleitung
- Etiketten: s. Kopiervorlage auf Seite 59

Für den Inhalt:

- 250 g Mehl
- 125 g Zucker
- ½ Pck. Vanillezucker
- 125 g Butter
- ¼ Pck. Backpulver
- essbarer Glitzer in Pink
- Zuckerperlen in Weiß & Braun
- 8 gehäufte TL Puderzucker

So geht's

Mehl, Vanillezucker und Backpulver gut miteinander vermischen und in das Glas füllen. Den Zucker auf die Mehlmischung schichten. Den Puderzucker und eine Handvoll Zuckerperlen in jeweils eine Ecke der Frühstückstüte füllen, mit ein wenig Bäckergarn abbinden und die Enden der Tüte abschneiden.

Die Glitzerdose und die erstellten Päckchen in das Glas legen und den Glasdeckel anbringen. Das Glas mit den Etiketten dekorieren, die Zubereitungsanleitung☆ anbringen und die Ausstechform mit Bäckergarn an das Glas binden.

☆ Die Zubereitungsanleitung zum Ausdrucken gibt es auf www.christophorus-verlag.de.

BUTTERKEKSE
BACK DIR 'NEN KEKS!
SCHNAUZE(R) VOLL?

Tic Tac Toe

So geht's

Aus dem blauen Stoff ein Stück von 14 x 14 cm und aus dem Kreis-Stoff zwei Streifen von 14 x 5 cm, zwei von 20 x 5 cm und ein Quadrat von 20 x 20 cm zuschneiden. Alle Teile werden füßchenbreit vernäht.

Die Linien laut Vorlage auf die rechte Seite des blauen Stoffes zeichnen und mit der Nähmaschine absteppen. Die vier Streifen rechts auf rechts rundherum an das Vorderteil stecken, annähen und umbügeln. Das Volumenvlies auf die linke Seite des Vorderteils aufbügeln. Die Vorlage auflegen, die Mittelpunkte markieren und die flachen Teile der Knöpfe anbringen. Das Ripsband zur Hälfte legen und mit der Vorder- und Rückseite rechts auf rechts zusammenstecken. Vernähen, dabei eine Öffnung lassen. Wenden und Öffnung schließen.

Für die Spielchips die Vorlagen kopieren und ausschneiden, in die Kronkorken kleben und die Resin-Sticker aufkleben. Die Gegenstücke der Druckknöpfe mit dem Sekundenkleber auf die Rückseite der Kronkorken kleben.

Das fertige Spiel in das Glas legen und mit den Etiketten dekorieren.

Tipp

Für noch mehr Spaß auf die Rückseite des Tic-Tac-Toe-Spiels mit Textil-Tafelfarbe ein Quadrat aufmalen. Kreide in einer Schachtel hinzufügen, fertig! Eine Vorlage für die Kreideschachtel gibt es auf www.christophorus-verlag.de.

Material

- Glas mit Bügelverschluss, 1 l
- Baumwollstoff in Blau, 20 cm
- Baumwollstoff Kreise, 20 cm
- Volumenvlies H630, 20 cm
- 9 Metalldruckknöpfe, Werkzeug zum Anbringen
- 8 flache Kronkorken
- 8 Resin-Sticker, Ø 2,5 cm
- Sekundenkleber
- Ripsband in Grün mit Punkten, 1 cm breit, 40 cm
- Nähgarn in Weiß, Neongelb
- Kleberoller
- Etiketten: s. Kopiervorlage auf Seite 58
- Vorlage: s. Website

Spielen und malen
Spielzeit!

Vanille-
Kokosnuss
Scrub

Vanille-Kokos-Scrub

Material

- Geschenkglas mit Deckel in Rosa
- Ripsband in Braun
- Packschnur
- 1 Holzlöffel
- Kleberoller
- Etikett: hinten im Buch

So geht's

Den Vanille-Kokos-Scrub nach Rezept zubereiten und in das Geschenkglas füllen. Die ausgekratzte Vanilleschote hinzufügen und das Glas verschließen. Das Ripsband um das ausgekühlte Glas kleben. Etikett anbringen und den Holzlöffel mit der Packschnur an das Glas binden.

Tipp

Das Peeling ist im Kühlschrank etwa vier Wochen haltbar. Am besten nur mit dem Löffel entnehmen und sicherstellen, dass kein Wasser in das Gefäß eindringt.

Rezept Scrub

Zutaten

Glas mit Deckel, ca. 500 ml · 60 g weißer Zucker · 130 g brauner Zucker · 2 EL Honig · 40 ml Kokosnussöl · Vanilleschote

Zubereitung

Die Vanilleschote mit dem Zucker in das große Glas füllen, für einige Wochen auf eine Fensterbank stellen und gelegentlich schütteln.

Die Vanilleschote aus dem Zucker nehmen und mit dem Kokosnussöl etwa 20 Minuten in einem Wasserbad erwärmen, aber nicht kochen! Die Schote entfernen, aufschneiden, auskratzen und das Vanillemark in das Öl geben. Die Schalen der Schote beiseitelegen. Das Öl, den braunen und weißen Zucker sowie den Honig in einer Schüssel miteinander vermischen.

Kaffee-Irish-Cream

Material

- Flaschen mit Bügelverschluss
- Trinkhalme in Rosa
- Papierhalme in Rosa-Weiß
- Knöpfe in Sternform
- Paketschnur
- Nähgarn in Weiß
- Etikett: vorn im Buch, weitere Etiketten zum Ausdrucken s. Website

So geht's

Die Irish Cream nach Rezept zubereiten und in Flaschen füllen. Danach gut verschließen und im Kühlschrank aufbewahren.

Vor dem Verschenken ein Stück Paketschnur (etwa so lang wie die Flasche) abscheiden und an den Flaschenbügel binden. Die Trinkhalme anbringen. Etwas Nähgarn auffädeln und den Knopf damit an den Paketschnursträngen festmachen. Die Flasche mit dem Etikett dekorieren.

Tipp

Anstatt Amaretto kann bei diesem Rezept auch Whiskey, Wodka oder Cognac verwendet werden.

Rezept

IRISH CREAM

Zutaten

- 1 l Sahne
- 2 EL Instant-Kaffee
- 2 EL Kakao
- 200 ml brauner Zucker
- 1 Pck. Vanillezucker
- 50 g Zartbitter-Schokolade
- Bio-Orange
- 350 ml Amaretto

Zubereitung

Die Sahne erhitzen, aber nicht kochen. Die Schokolade zerkleinern und in der Sahne schmelzen, dabei immer wieder rühren, damit sich die Schokolade nicht am Topfboden absetzt. Den Instant-Kaffee, den Kakao und den Vanillezucker gut unterrühren.

Von etwa der Hälfte der Orange Zesten reiben und zur Masse hinzufügen. Das Ganze bei ganz niedriger Temperatur 20 Minuten köcheln lassen. Danach vom Herd nehmen und auskühlen lassen. Die Flüssigkeit durch ein Sieb gießen und den Amaretto dazumischen.

homemade
IRISH
CREAM
homemade
IRISH
CREAM

Love you

Liebesbotschaft

Material

- Einmachglas, ca. 16 x 10 cm
- Dekovogel
- Draht, ca. 20 cm
- Textilfarbe in Pink
- weißer Baumwollstoff, ca. 25 x 25 cm
- Dekoblüte
- Islandmoos oder echtes Moos
- kleiner Ast, ca. 8 cm
- Heißkleber
- Paketschnur

So geht's

Den Ast auf die benötigte Breite kürzen. Den Draht zu einem »U« biegen und dann die Drahtenden jeweils an den Enden des Astes fixieren. Einen schmalen Stoffstreifen zurechtschneiden und den Draht damit umwickeln. Die kleine Blüte und den Vogel laut Foto mit Heißkleber anbringen. Nach Wunsch eine Liebesbotschaft von Hand schreiben oder per PC ausdrucken, aus dem Papier vorsichtig herausreißen und an der Vogelschaukel anbringen.

Nun Moos in das Glas füllen, sodass der Boden bedeckt ist. Die Vogelschaukel an ein Stück Schnur binden und in gewünschter Höhe am Deckelinneren mit Heißkleber fixieren.

Für den Deckel ein Stück Stoff in Dip-Dye-Technik erstellen. Dafür ein Glas mit etwas Wasser und Textilfarbe füllen. Den Baumwollstoff vorher in Wasser legen und auswringen. Danach in die Textilfarbe tunken. Nach Wunsch die Textilfarbe intensivieren und etwas mehr Farbe dazugegeben. Den Stoff mit der Farbe nach unten gerade aufhängen, sodass diese nach oben steigen kann und somit einen Verlauf bildet. Trocknen lassen und auf gewünschte Größe ein Quadrat reißen. Auf den Deckel legen und mit Paketschnur festbinden.

Love you

HOMEMADE
KETCH
UP

Beeriger KETCHUP

Material

- 1–2 Flaschen mit Verschluss
- Zeitungspapier
- etwas Kaffee, kalt
- Packschnur

- Etikett: vorn im Buch, weitere Etiketten zum Ausdrucken s. Website

So geht's

Den Ketchup nach Rezept zubereiten. In Flaschen abfüllen und auskühlen lassen. Aus dem Zeitungspapier für jede Flasche ein Quadrat von etwa 12 x 12 cm ausschneiden. Das Zeitungspapier mit dem kalten Kaffee bepinseln und leicht antrocknen lassen. Das Papier in noch feuchtem Zustand um den Flaschendeckel legen und leicht andrücken. Mit der Paketschnur festbinden, das Papier trocknen lassen und die Flaschen mit Etiketten dekorieren.

Rezept KETCHUP

Zutaten

- 250 g reife Himbeeren
- 800 g reife Tomaten, enthäutet
- 3 Schalotten
- 50 g Ingwer
- 2 Chilischoten
- ½ TL Currypulver
- 250 g brauner Zucker
- 100 ml Himbeeressig
- 1 EL Öl

Zubereitung

Die Schalotten klein würfeln und mit dem Öl in einem Topf anschwitzen. Den Zucker dazugeben und gut verrühren, bis der Zucker sich aufgelöst hat. Mit dem Himbeeressig ablöschen. Den Ingwer klein schneiden, die Chilischoten aufschneiden, Samen entfernen und mit den Tomaten hinzufügen. Alles aufkochen und gut durchrühren. Das Currypulver und die Himbeeren daruntermischen. Etwa 40 Minuten leicht köcheln lassen, dann zugedeckt ziehen lassen, bis die Masse ausgekühlt ist. Chilischoten herausfischen und den Rest nach Belieben mixen oder auch in der etwas gröberen Konsistenz belassen. Vor dem Umfüllen nochmals aufkochen.

Spaß Glas voller Knete

Material

- Vorratsglas, 1,8 l
- 1 kleine Schale
- 1 große Schale
- Ausstechformen
- Modelliermesser
- Bäckergarn in Pink-Weiß
- Etiketten: s. Kopiervorlage auf Seite 60

So geht's

Die Knete nach Rezept herstellen. Die Kneteportionen zu Bällen formen und in das Glas füllen. Die Ausstech- und Modellierformen darauf arrangieren. Das Glas mit den Etiketten dekorieren und das Modelliermesser mit dem Bäckergarn anbringen.

Tipp

Sollte die Knete etwas austrocknen, so kann sie mit ein wenig warmem Wasser wieder weich geknetet werden. Bei Zimmertemperatur hält sie 3–4 Wochen. Im Kühlschrank aufbewahrt verlängert sich die Haltbarkeit um einen Monat.

Rezept Knete

Zutaten

5 Tassen Mehl • 1 Tasse Tafelsalz, fein • ½ Tasse Weinsteinpulver • 2,5 TL Glyzerin • flüssige Lebensmittelfarbe, AZO-frei • 5 EL Sonnenblumenöl • 300 ml kochendes Wasser

Zubereitung

Die trockenen Zutaten in einer großen Schale mischen. Etwa 60 ml des kochenden Wassers in eine kleine Schale gießen und 5–10 Tropfen der Lebensmittelfarbe dazugeben. Einen Esslöffel Sonnenblumenöl und ½ TL Glyzerin hinzufügen. Alles verrühren und 1 Tasse der trockenen Mischung dazugeben. Rühren, bis die Masse sich zu einem Teig verbindet. Wenn die Masse nicht mehr heiß ist, ein wenig von der Trockenmischung auf eine Fläche streuen und gut mit den Händen verkneten. Für die weiteren vier Farben wiederholen.

SPAß GLAS voller Knete
SPAß GLAS voller Knete

Good mood tea
YOU ARE my OF TEA
You are my
of tea
Laugh!
Smile!

You are my cup of tea!

Material

- Glas mit zweiteiligem Deckel, ca. 500 ml
- 8 Teefilter
- Bäckergarn in Pink-Weiß
- Ripsband in Grün-Weiß mit Punkten, 2 cm breit, 30 cm
- bedruckbarer Baumwollstoff, 1 DIN-A4-Blatt
- Volumenvlies H630, 16,5 x 9 cm
- Lackmalstift in Schwarz
- Nähgarn in Weiß
- Papierkleber
- Metalllöffel
- Tintenstrahldrucker
- Kleberoller

- Etiketten: hinten im Buch
- Vorlage Teebeuteletiketten: s. Website

So geht's

Von dem Bäckergarn acht 30 cm lange Stücke abschneiden. Die Zutaten für den Tee mischen und davon je zwei Teelöffel in jeden Teefilter füllen. Die Filter mit dem Bäckergarn zubinden. Das überstehende Filterpapier wegschneiden. Die Teebeuteletiketten mittig falten und an das Ende des Garnes kleben. Alle Teebeutel in das Glas füllen.

Den Löffel nach Wunsch mit dem Lackmalstift beschriften und nach Herstelleranweisung im Backofen fixieren. Die »Mug Rug«-Vorlage nach Herstelleranweisung auf den Stoff drucken und fixieren. Die zwei Vorlagenteile ausschneiden und das Volumenvlies auf die linke Seite eines Teiles aufbügeln. Die Teile rechts auf rechts stecken und bis auf eine Wendeöffnung füßchenbreit zusammennähen. Nach dem Wenden die Öffnung schließen.

Die Teebeutel samt »Mug Rug« in das Glas füllen und verschließen. Mit Ripsband und Etiketten dekorieren. Löffel mit Bäckergarn anbringen.

Teemischung

- 60 g Roibuschtee
- 10 g Apfelstückchen
- 10 Hagebuttenschalen
- 5 g Hibiskusblüten
- 5 g Zitronenschalen
- 5 g Vanillestückchen
- 5 g Mandelstückchen

alles getrocknet

Adventskerzen

Material

- 4 Marmeladengläser, ca. 230 ml
- matte Sprühfarbe in Weiß, Neonpink
- Docht, ca. 45 cm
- Wachsreste in Weiß, ca. 920 g
- leere Konservendose
- Holzspieße oder Zahnstocher
- Wolle in Pink
- Paketschnur
- Dekoband

- Etiketten: vorn im Buch

So geht‘s

Die Deckel der Gläser zuerst in Weiß grundieren. Danach ein- bis zweimal gleichmäßig und mit etwas Abstand in Neonpink ansprühen. Die Deckel gut trocknen lassen.

Den Docht passend in vier gleich lange Stücke schneiden, dabei je ein paar Zentimeter mehr dazurechnen. Jeden Docht mittig an einen Zahnstocher oder an einen Holzspieß – je nach Größe des Glases – binden und diesen mittig auf das Glas legen, sodass der Docht in die Form fällt und den Boden berührt.

Nun in einem Topf Wasser erhitzen. Die Wachsreste in eine leere, saubere Konservendose füllen und über dem Wasserbad schmelzen. Sobald das Wachs geschmolzen ist, vorsichtig die Gläser befüllen.

Ist das Wachs erhärtet und ausgekühlt, die Holzspieße entfernen und die Dochte auf etwa 1,5 cm Länge zurechtschneiden. Dann die Deckel zuschrauben. Aus der pinkfarbenen Wolle zwei Pompons☆ herstellen. Die Pompons mit der Paketschnur um zwei der Gläser binden, die zwei anderen Gläser mit Dekoband dekorieren. Zum Schluss die Etiketten aufkleben.

☆ Pompons können ganz einfach mit speziellen Pompon-Sets hergestellt werden. Diese gibt es im Bastelbedarf.

2.
ADVENT
4.
ADVENT
3.
ADVENT
1.
ADVENT

HOCHZEIT
SURVIVAL
KIT
Hochzeit
Survival
KIT

HOCHZEITS-SURVIVAL-KIT

Material

- Glas mit zweiteiligem Deckel, ca. 900 ml
- Transparentpapier mit Muster, ca. 8 x 8 cm
- 2 Streuherzen aus Papier
- Spitzenband, ca. 30 cm
- Perlenband, ca. 30 cm
- Bastelkleber oder Klebepads
- Leinenfaden
- Etikett: s. Kopiervorlage auf Seite 58

Ideen für den Inhalt

- Haarspray
- Nagelfeile
- Deo
- Kamm
- Zahnseide
- Handwaschmittel
- Lipgloss
- Mundspray
- Taschentücher
- Strumpfhose

So geht's

Das Glas mit den Wunschartikeln befüllen. Aus dem Transparentpapier passend zur Deckelgröße einen Kreis ausschneiden. Das Papier einlegen und den Deckel schließen. Die Streuherzen mit Bastelkleber oder Klebepads anbringen. Den Deckel nach Wunsch beschriften. Das Spitzenband zuschneiden und um den Deckelrand kleben. Das Perlenband um das Glas binden und das Etikett mit dem Leinenfaden am Glas anbringen.

Tipp

Damit die Artikel im Glas gut zueinanderpassen, können sie mit einem Deko-Tape umklebt werden.

ADVENTSKALENDER

Material

- Bonbonglas, 1,7 l
- 24 Stoffreste, je 12 x 12 cm
- Vlieseline H250, einseitig aufbügelbar, 50 cm
- Nähgarn
- Stück Pappe, ca. 12 x 12 cm
- Stoffmarkierstift
- Bügeleisen
- Zackenschere
- Textilkleber

- Etiketten: hinten im Buch
- Vorlage Kekszettel: s. Website

So geht's

Aus der Vlieseline 24 Quadrate, 12 x 12 cm, zuschneiden und auf die linke Seite der Stoffquadrate aufbügeln.

Aus der Pappe eine Kreisschablone mit 10 cm Durchmesser zuschneiden. Die Kreisschablone auf jedes Quadrat übertragen und mit der Zackenschere ausschneiden. Jeden Kreis zur Hälfte zusammenlegen und senkrecht zur Faltkante mittig etwa 1 cm von der Faltkante entfernt 2 cm weit abnähen. Die Seiten des Glückskekses nach außen umklappen, wie einen Tortellini formen und die zackigen Ränder bis auf eine Lücke von 2 cm mit dem Textilkleber zusammenkleben (siehe auch Fotoanleitung unter www.christophorus-verlag.de)

Die Kekszettel ausschneiden und mit persönlichen Botschaften oder witzigen Aufgaben und Zahlen beschriften. Die Zettelchen falten und in die Öffnungen der Glückskekse schieben. Das Glas mit den Glückskeksen befüllen und mit den Etiketten dekorieren.

KEEP CALM
AND
COUNT TO
CHRISTMAS
Nimm ein Bad
Christmas
Countdown

Wellness
im
Glas

Wellness im Glas

Material

- Glas mit Deckel, eckig, 19 x 10 x 10 cm
- Microfasertuch in Grün
- Webband mit Motiv, 12 cm, 1 cm breit
- Nähgarn in Grün
- kleines Gästehandtuch in Weiß
- kleine Kunststoffbehälter
- kleine Dekobadewanne, ca. 11 cm lang
- Klebepads in Weiß
- Holzklammer mit Tafel
- Lackstift in Weiß
- Nähmaschine

- Vorlage: s. Website

Ideen für den Inhalt

- Badesalz
- Schaumbad
- Bodylotion
- Körperpeeling
- Körperöl
- Gesichtsmaske
- Haarmaske

So geht's

Das Microfasertuch rechts auf rechts legen und die Herzvorlage übertragen (Nahtzugabe ist bereits enthalten). Für den Aufhänger das Webband zur Hälfte legen und an einer der beiden Rundungen nach innen zeigend einlegen. Das Herz entlang der Markierung zusammennähen, dabei den Aufhänger mit festnähen. An einer geraden Seite eine Öffnung zum Wenden offen stehen lassen. Das Herz wenden und schmalkantig ringsherum absteppen, dabei wird gleichzeitig die Wendeöffnung geschlossen.

Das Handtuch zusammenfalten und in das Glas legen. Die Kunststoffflaschen und Tiegel befüllen, nach Wunsch mit dem Lackstift beschriften und in das Glas stellen. Die Badewanne mit Klebepads auf dem Glasdeckel befestigen. Dabei das Abschminkherz an einem Fuß einhängen. Die Tafel mit dem Lackstift beschriften und an der Badewanne anbringen.

Pfirsich-Gelee

Material

- Marmeladengläser
- Deko-Tapes mit pinkfarbenem Muster
- Bäckergarn in Pink-Weiß
- Etikett: s. Kopiervorlage auf Seite 59

So geht's

Das Gelee nach Rezept zubereiten, in heiß ausgespülte Gläser füllen und gut verschließen. Die Deckel der ausgekühlten Gläser nach Wunsch mit den Deko-Tapes bekleben. Die Etiketten mit dem Bäckergarn anbringen.

Rezept Gelee

Zutaten

1 kg aromatische Pfirsiche · 250 ml Roséwein, lieblich · 1 Limette · 1/2 Vanilleschote · 500 g Gelierzucker 2:1 · 1 Mulltuch · 1–2 ungespritzte Duftrosenblätter

Zubereitung

Die Pfirsiche waschen und trocken tupfen. Halbieren, entsteinen und in kleine Würfel schneiden. In einen Topf geben und die Hälfte des Weines dazugießen. Etwa 20 Minuten zugedeckt leicht köcheln lassen, bis die Stücke zerfallen. Nun das Mulltuch in ein Sieb legen und die Masse durchseihen. Die Fruchtmasse sehr gut ausdrücken. Die gewonnene Flüssig keit in einem Topf mit dem Limettensaft und dem Roséwein auf 750 ml auffüllen und mit dem Gelierzucker vermischen.

Zusammen unter Rühren aufkochen, danach etwa 3 Minuten weiterkochen lassen. Vom Herd nehmen und die Duftrosenblätter untermischen.

Fruchtige
aus meiner
Küche Grüße
Pfirsich-
Gelee
Fruchtige
aus meiner
Küche Grüße
Pfirsich-
Gelee

Endlich Urlaub!

Material

- Glas mit Schnappverschluss, 16 x 10 cm
- Holzring, 7 cm
- Paketschnur
- Bastelfarbe in Rot und Weiß
- Satinband in Blau, 15 cm, 4 mm breit
- Muscheln in verschiedenen Größen
- Fotokarton in Blau und Gelb
- Silberdraht, 10 cm, Ø 0,4 mm
- Modelleisenbahnfigur »Badender«
- Kieselstein, ca. 5 cm
- Straßenkarte, 10 x 12 cm
- Dekosand in Blau
- Klebepads in Weiß
- Heißkleber
- Bastelkleber

- Vorlage: s. Website

So geht's

Die Miniaturfigur mit Heißkleber auf dem Stein befestigen. Aus dem Straßenkartenzuschnitt ein Schiff falten. Stein und Schiff mit Klebepads auf den Boden des Glases kleben. Mit dem Dekosand ringsherum auffüllen und die Muscheln darauf verteilen.

Die Sonne anhand der Vorlage auf den gelben Fotokarton aufzeichnen und ausschneiden. Den Draht an der Sonne befestigen und mit einem Klebepad innen an den Glasdeckel hängen. Dabei darauf achten, dass die Sonne frei im Glas schwebt.

Für den Rettungsring den Holzring in acht gleich große Felder aufteilen und diese abwechselnd in Rot und Weiß anmalen. Die Schnur von außen in den weißen Feldern mit Heißkleber befestigen. Das Satinband vierteln und an den Klebestellen anbringen.

Aus dem blauen Fotokarton einen Kreis mit 6 cm Durchmesser ausschneiden. Den Papierkreis mit Bastelkleber auf den Glasdeckel kleben, den Holzring mit Heißkleber darauf befestigen. In die Mitte eine Muschel kleben.

Tipp

Will man eine Erinnerung an den vergangenen Urlaub verschenken, einfach einen Speicherstick mit den Urlaubsfotos an das Glas hängen.

Heiße Schoki

Material

- Glas »Krug«, 500 ml
- 2 kleine Frühstücksbeutel
- 2 Teelöffel aus Holz
- 2 Papiertrinkhalme in Rot-Weiß
- Bäckergarn in Rot-Weiß
- Etiketten: s. Kopiervorlage auf Seite 62

Für den Inhalt

- 170 g feine Zartbitter-Schokolade
- 1 TL Speisestärke
- 1 Prise Salz
- 1 Vanilleschote im Glas
- Handvoll Mini-Marshmallows

So geht's

Schokolade in grobe Stückchen brechen und in das Glas füllen. Speisestärke und Salz in die Ecken eines Frühstücksbeutels füllen und mit Bäckergarn abbinden. Den überstehenden Rest der Tüte abschneiden.

Die Marshmallows in die zweite Tüte füllen, ebenso abbinden und den Tütenrest abschneiden. Die beiden Tüten in das Glas geben und das Glas verschließen.

Das Etikett auf dem Deckel anbringen. Die Wimpel mit dem Bäckergarn um das Glas binden. Mit den Löffeln, der Vanilleschote im Glas und den Trinkhalmen dekorieren.

Heiße Schoki mit Vanille
Du brauchst noch:
230 ml Milch,
230 ml Sahne
1. Milch erhitzen.
2. Vanilleschote und Milch dazugeben und zwei Minuten auf kleiner Stufe kochen. Dabei umrühren.

light my fire
ITH LOVE
with love
light my fire
light my fire

Duftkerzen-Trio

Material

- 3 Weckgläser, 80 ml, 140 ml, 160 ml
- Docht, ca. 35 cm
- Holzspieße oder Zahnstocher
- Wachsreste in Mintgrün, ca. 160 g
- Wachsreste in Rosa, ca. 140 g
- Wachsreste in Gelb, ca. 80 g
- Duftöl für Kerzen
- leere Konservendose
- Deko-Tape in 3 Farben
- Dekoschnur
- Etiketten: s. Kopiervorlage auf Seite 61

So geht's

Zunächst den Docht passend zu den Gläsern in drei unterschiedlich lange Stücke schneiden, dabei je ein paar Zentimeter mehr dazurechnen. Jeden Docht dann mittig an einen Zahnstocher oder einen Holzspieß – je nach Größe des Glases – binden und diesen mittig auf das Glas legen, sodass der Docht in die Form fällt und den Boden berührt.

Nun in einem Topf Wasser erhitzen. Die Wachsreste in eine leere Konservendose füllen und über dem Wasserbad schmelzen. Sobald das Wachs geschmolzen ist, einige Tropfen Duftöl unterrühren und dann vorsichtig in ein Glas füllen. Für die zwei weiteren Farben genauso verfahren.

Ist das Wachs erhärtet und ausgekühlt, die Holzspieße entfernen und die Dochte auf etwa 1,5 cm Länge zurechtschneiden. Die Deckel auflegen und mit farblich passendem Deko-Tape, Dekoschnur und den Etiketten schmücken.

light my fire

Kokos-Körperbutter

Material

- Schmuckglas, 500 ml
- Spiritus
- selbstklebende Schablone »Schmetterling«
- Glasmalfarbe in Schwarz
- Glasmalstift in Schwarz
- Schablonier-Pinsel
- Mixer mit Schneebesen-Aufsatz
- Glasbehälter
- Topf
- Metalllöffel
- 3 Holzspatel
- Ripsband, 15 cm
- Etikett: hinten im Buch

So geht's

Das Glas gründlich mit dem Spiritus säubern, die Schmetterlings-Schablone an der gewünschten Position aufkleben und mit der Glasfarbe schablonieren. Auf diese Weise das gesamte Glas dekorieren. Nach dem Trocknen können mit dem Glasmalstift noch weitere Verzierungen aufgemalt werden. Die Farben dann nach der Herstelleranweisung im Backofen fixieren.

Die Creme in das desinfizierte Glas füllen und verschließen. Mit dem Etikett, den Holzspachteln und dem Ripsband dekorieren.

Tipp

Die Körperbutter ist an einem kühlen und trockenen Ort aufbewahrt mehrere Monate haltbar.

Rezept Körperbutter

Zutaten

120 ml Shea-Butter • 80 ml Kokosöl • ätherisches Öl, Vanille oder Kokos

Zubereitung

Für die Körperbutter alle Oberflächen und Instrumente mit dem Spiritus desinfizieren. Sheabutter und Kokosöl in einem Wasserbad schmelzen, aber nicht kochen. Mit dem Schneebesen-Aufsatz mehrere Minuten aufschlagen. Den Behälter für 5 Minuten in den Gefrierschrank stellen, dann weiter schlagen. Wiederholen, bis eine sahnige Konsistenz erreicht worden ist. Nach Wunsch 4–6 Tropfen des ätherischen Öls hinzufügen und noch einmal kurz aufschlagen.

Kokosnuss
Körperbutter

SÜßE
Weihnachts-
Grüße
BRATAPFELKONFEKT

Bratapfelkonfekt

Material

- Packpapier
- Leinenfaden
- Zimtstangen
- Zubereitungsanleitung
- Etikett: vorn im Buch, weitere Etiketten zum Ausdrucken s. Website

Für den Inhalt

- Glas, 1 l
- 150 g Puderzucker
- 60 g Rosinen
- 50 g gehackte Mandeln
- 180 g Marzipan
- 60 g getrocknete Äpfel

So geht's

Die Zutaten abwiegen und in folgender Reihenfolge vorsichtig in das Glas schichten: Zunächst etwa die Hälfte des Puderzuckers, dann die Rosinen, die gehackten Mandeln, die zweite Hälfte des Puderzuckers, das Marzipan und zum Schluss die getrockneten Äpfel. Das Glas gut verschließen.

Aus dem Packpapier einen Kreis für den Deckel schneiden, dabei ringsherum etwa sechs Zentimeter zugeben. Das Papier um den Deckel legen und mit dem Leinenfaden verschnüren. Die Zimtstangen und die Zubereitungsanleitung* anbringen und das Etikett auf den Deckel kleben.

* Die Zubereitungsanleitung zum Ausdrucken gibt es auf www.christophorus-verlag.de.

Süße Weihnachts-Grüße

Badebomben

Material

- Marmeladenglas, eckig, ca. 10 x 9 cm
- Kreppband
- Pinsel
- Bastelfarbe
- Holzelement im Chevron-Muster
- Bastelkleber
- Etikett: vorn im Buch

So geht's

Die Badebomben nach Rezept zubereiten und ins Glas füllen. Den Deckel mit Malerkrepp abkleben. Das Holzelement aufkleben und trocknen lassen. Nach dem Trocknen den Deckel mit der Bastelfarbe anmalen. Das Glas mit den Badebomben befüllen, den getrockneten Deckel aufschrauben und das Etikett am Glas anbringen.

Rezept Badebomben

RELAX!

Zutaten

- 60 g Kakaobutter
- 100 g Natron
- 50 g Zitronensäure
- 100 g Speisestärke
- Lebensmittelfarbe
- ätherisches Öl
- etwas Speiseöl
- Eiswürfelform
- kleiner Topf

Zubereitung

Zunächst die trockenen Zutaten in einer Schüssel mischen. Die Kakaobutter im Topf schmelzen, dabei darauf achten, dass die Temperatur nicht über 35 °C steigt. Die geschmolzene Kakaobutter vorsichtig unter die trockenen Zutaten mischen. Lebensmittelfarbe und ätherisches Öl hinzufügen. Die Konsistenz der Masse sollte leicht flüssig sein, damit man sie gut in der Form verteilen kann.

Die Form vorsichtig befüllen und dann kurz auf dem Tisch aufstoßen, damit die Masse wirklich überall verteilt ist. In den Kühlschrank stellen und etwa zwei Stunden aushärten lassen.

RELAX!

Willkommen Max!
Alles was ein Häschen braucht
Pupsi Rub

Baby-Wärmekissen

Material

- Glas mit Deckel, 1 l
- 3 x gemusterter Baumwollstoff, je 20 cm
- 2 x Baumwolljersey, je 5 x 20 cm
- Baumwolljersey-Rest in Schwarz
- Baumwoll-Volumenvlies
- 200 g Rapssamen
- 1 TL getrocknete Lavendelblüten
- Stoffmarkierstift
- Baumwoll-Stickgarn in Braun
- Baumwoll-Nähgarn in Weiß und Schwarz
- Ripsband in Türkis-Weiß, ca. 50 cm
- Kleberroller
- Tafelfolie, selbstklebend
- Etiketten: s. Kopiervoralge auf Seite 63
- Vorlage: s. Website

So geht's

Das Kissen nähen. Dafür die Schnittmuster für Körper und Ohren auf den Baumwollstoff übertragen und ausschneiden, die Nahtzugabe von 1 cm ist enthalten. Für die Ohren zwei Teile aus Volumenflies zuschneiden. Je zwei Ohren rechts auf rechts legen, das Volumenvlies darauflegen und zusammenstecken. Die Ohren zusammennähen, unten eine Öffnung lassen. Die Ohren wenden und glattbügeln.

Für den Körper die Vorderseiten-Teile rechts auf rechts zusammennähen. Augen, Schnurrbart und Mund von Hand aufsticken. Die Nase mit schwarzem Garn applizieren. Für Arme und Beine die Baumwolljerseys rechts auf rechts legen und zusammennähen, dabei je eine kurze Seite offen lassen, und wenden. Die geschlossenen Enden verknoten.

Nun Ohren, Arme und Beine laut Schnittmustermarkierungen an das Vorderteil stecken und annähen. Die Körperteile rechts auf rechts zusammenstecken, bis auf eine Wendeöffnung zusammennähen und wenden. Lavendel und Rapssamen einfüllen und die Öffnung schließen. Das Kissen kann bei 600 Watt eine Minute in der Mikrowelle erhitzt werden.

Das Glas befüllen, nach Wunsch Bäuchleinöl dazugeben (Rezept s. Website) und die Etiketten anbringen. Das Ripsband um den Deckel binden. Aus der Tafelfolie einen Kreis schneiden, auf den Deckel kleben und beschriften.

Hochzeit
Survival
KIT

Spielen
und
Malen

Spielzeit!

BACK
DIR
'NEN
KEKS!

Du brauchst
noch:
125 g Butter
1 Ei
2 TL Wasser

Fruchtige
Grüße
aus meiner
Küche
Pfirsich-
Gelee

PFLAUMEN-FEIGEN
MARMELADE

SCHNAUZE(R)

VOLL?

BUTTERKEKSE

Spaß
Glas
voller
Knete

Picknick für 2

Es war
einmal …

Spaß
Glas
voller
Knete

mein
KLEINES
Näh-
Set

light my fire
light my fire
light my fire

SCHMINKTÄSCHCHEN
NÄHSET

Süße
Überraschung

Heiße Schoki mit Vanille

Du brauchst noch:
230 ml Milch
230 ml Sahne

1. Milch erhitzen.

2. Vanilleschote und Milch dazugeben und zwei Minuten auf kleiner Stufe kochen. Dabei umrühren.

3. Die Schote rausnehmen, aufschneiden, das Vanillemark auskratzen und in den Topf geben.

4. Vom Herd nehmen und die Schokolade dazugeben. Rühren bis alles geschmolzen ist.

5. In eine Tasse gießen. Mit Marshmellows garnieren.

Genießen !

Alles was ein Häschen braucht

Pupsi Rub

Impressum

Redaktion & Lektorat: Xenia Kuczera
Autorinnen:
Annette Diepolder: Seiten 8, 14, 40, 44
Simea Gut: Seiten 16, 36, 52, 54
Kasia Hanack: Seiten 6, 18, 20, 22, 30, 32, 38, 46, 50, 56
Sibyll Mayer-Kuderer: Seiten 24, 28, 42
Sabine Schappacher: Seiten 4, 12, 26, 34, 48
Fotos & Styling: Roland Krieg, Waldkirch
Gesamtgestaltung und Satz: GrafikwerkFreiburg
Reproduktion: RTK & SRS mediagroup GmbH
Druck und Verarbeitung: Polygraf Print, Slowakei

ISBN 978-3-8388-3578-5
Art.-Nr. 3578

Autorinnen und Verlag bedanken sich ganz herzlich für die Bereitstellung der Materialien bei:

- STOFF & LIEBE Kinderstoffe & Unikate, www.stoffundliebe.de
- Snaply Nähkram – Simon Hönnebeck e.K., www.snaply.de
- Blueboxtree GmbH, www.blueboxtree.com
- RAYHER HOBBY GmbH, www.rayher-hobby.de
- Stampin' Up! Deutschland GmbH, www.stampinup.com/home/de-DE/Home

Alle Materialien sind im Hobbyfachhandel erhältlich.

Kreativ-Service

Sie haben Fragen zu den Büchern und Materialien? Frau Erika Noll ist für Sie da und berät Sie rund um alle Kreativthemen. Rufen Sie an! Wir interessieren uns auch für Ihre eigenen Ideen und Anregungen. Sie erreichen Frau Noll per E-Mail: **mail@kreativ-service.info** oder Tel.: **+49 (0) 5052 / 91 18 58** Montag – Donnerstag: 9 – 17 Uhr / Freitag: 9 – 13 Uhr

Besuchen Sie uns im Internet: **www.christophorus-verlag.de**

Kokosnuss
Körperbutter

KEEP CALM
AND
COUNT TO
CHRISTMAS

You are my
of tea

Vanille-
Kokosnuss
Scrub

Good mood tea
5
Min.

Christmas
Countdown